Todos a la Mesa

5 CUENTOS PARA COMER SANOS Y FELICES

Victoria Lozada

Ilustraciones de
Ana Sanfelippo

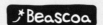

A mi madre, por despertar mi pasión por la lectura.

A mi yo de 7 años, que "comía" libros día a día.

A los niños de mi país; que algún día su futuro sea tan brillante como su espíritu.

A los peques que lean este libro. Gracias por ser curiosos
y por enseñarnos tantas cosas a los mayores.

V. L.

Para Marquitos, quien cocina (y muy rico) en casa.

A. S.

Papel certificado por el Forest Stewardship Council *

FSC
www.fsc.org

MIXTO
Papel procedente de
fuentes responsables
FSC® C117695

Primera edición: junio de 2019

Printed in Spain – Impreso en España

ISBN: 978-84-488-5277-1
Depósito legal: B-10.692-2019

Maquetación y diseño de Rebeca Podio

Impreso en Talleres Gráficos Soler
Esplugues de Llobregat (Barcelona)

BE 52771

Penguin
Random House
Grupo Editorial

Instrucciones de uso

¡Bienvenidos a esta aventura!

Cuando estés leyendo este libro, vas a poder viajar por diferentes países, conocer a muchos niños y niñas del mundo, probar nuevos alimentos y aprender a comer bien. Esto último es muy importante para que tengas mucha energía y para que crezcas sano y fuerte.

Solo vas a necesitar dos ingredientes...

➔ Tu imaginación.

➔ Ganas de explorar en la cocina.

Cada vez que leas un cuento, conocerás a un nuevo niño o niña, un nuevo país y un nuevo plato. No te preocupes si no te gusta probar cosas nuevas, pues a algunos de los niños y niñas de este libro tampoco les apetecía... ¡Seguro que al final vas a querer probarlas todas cuando conozcas sus historias! Y verás que son comidas deliciosas y muy nutritivas.

Después de leer cada cuento, podrás preparar una nueva receta, así que busca tu mandil y tus utensilios de cocina para ayudar en casa a crearlas.

Si hay algún ingrediente que no te gusta, puedes cambiarlo por otro sin problema. Puedes probar con muchas frutas y verduras distintas, dejando volar la creatividad.

Si te gusta comer cosas ricas, ir al mercado, hacer la compra con tu familia, conocer nuevas culturas o echar una mano en la cocina...

¡estos cuentos te van a encantar!

¿Estás listo?
¡Todos a la mesa!

ÁFRICA

¡Una pirámide deliciosa!

¿Quieres conocer a Cleo? ¡Es una niña muy simpática, así que seguro que muy pronto seréis amigos! Cleo tiene siete años y vive en El Cairo con su familia, una de las más importantes de la ciudad. A Cleo le encanta jugar, aprender cosas nuevas, pasear con sus compañeros… ¡y las pirámides! Es una niña con suerte, porque en su país hay muchas.

Las pirámides de Egipto se construyeron hace muchísimos siglos para los faraones, que eran los reyes del país. Cuando un faraón moría, recibía grandes honores y lo enterraban en una pirámide junto con magníficos tesoros, porque en el Antiguo Egipto creían que las riquezas se podían llevar a la otra vida.

Esta tarde Cleo y su madre se han propuesto construir una pirámide muy especial. Van a hacer un mural enorme en el que la irán dibujando.

—Mamá, ¿cuándo empezaremos? —dice Cleo—. La maestra nos dijo que debíamos tenerla lista esta semana…

—¡Pues manos a la obra! —responde su mamá—. Pero ya sabes que esta pirámide no será como las que estás acostumbrada a ver y que tanto te llaman la atención, ¿eh?

—¡Sí, ya lo sé! —contesta Cleo entre risas—. ¿Empezamos?

—¡Empezamos! Primero debes elegir las *frutas y verduras* que más te gustan, las que sean tus favoritas.

—¡Vale! Pues elijo... calabacines, uvas, melón y espinacas... Pero ¿por qué hay que empezar con estos alimentos?

—Aaah... —dice su mamá—. Ya verás.

A estas alturas te estarás preguntando cómo es posible que frutas y verduras puedan servir de base para una pirámide, con lo blanditas que son. ¿No sería mejor emplear piedras, como de costumbre? ¿No se aplastarán todas? ¿Podrán sostener tanto peso? Nada de eso, porque lo que están haciendo Cleo y su mamá es construir... *¡la pirámide de los alimentos!*

—¿Dónde crees que debemos poner las frutas y verduras en nuestra pirámide? —le pregunta su mamá.

—Bueno, la maestra nos dijo que eran muy importantes para crecer...

—¡Sí! Y no solo eso, también contienen *vitaminas* y *minerales* que nos ayudan a mantenernos sanos y a prevenir enfermedades —explica su mamá—. Si comes frutas y verduras, ¡te proteges de los resfriados!

Cleo se queda pensativa, calculando dónde debería poner esos alimentos.

—Supongo que, si son tan importantes, deberían estar en lo más alto de la pirámide... —señala Cleo.

Su mamá sonríe.

—Pues, en este caso, lo más importante no va arriba de todo. Tratándose de pirámides, lo principal es la base, lo que sostiene todo el peso... Además, es la parte más grande de todas, y eso significa que *estos alimentos son los que más debemos comer*. ¿Lo ves?

—¡Ahora lo entiendo! —contesta Cleo.

—Fíjate si son importantes, Cleo, que para estar sanos y fuertes debemos comer todos los días *cinco raciones de frutas y verduras*.

La niña asiente satisfecha, porque le gusta mucho la fruta. ¡Es muy dulce y jugosa!

—¡Ya está! ¡He terminado la base! —anuncia Cleo—. Y ahora, ¿cuál es el siguiente piso de la pirámide? —pregunta, impaciente por saber más cosas.

—Ahora tocan los *cereales* —contesta su mamá.

—¿Como el arroz? —pregunta Cleo.

—¡Exacto! ¡Pero qué lista es mi niña! El *arroz*, el *trigo*, la *cebada* o la *avena* son cereales. Con el trigo se hace el cuscús y el pan que tanto nos gustan. Y también les encantaban a nuestros antepasados, incluidos los faraones; por eso es tradicional servirlos en nuestras mesas.

Cleo le presta atención, pero ya se está preguntando qué otros grupos de alimentos faltan para continuar con la pirámide.

—Vale, mamá, ya tenemos los dos primeros escalones. ¿Qué pondremos ahora?

—¿Tú qué crees que falta?

—¿La leche?

—¡Muy bien! Todos los *lácteos*, como la leche, el yogur o el queso, van justo encima de los cereales.

—¿Y ya está?

Su mamá la mira, sonriendo.

—Bueno, yo diría que faltan todavía unos cuantos: los *huevos*, los *frutos secos*, el *pescado*, la *carne*...

—¿Los ponemos en otro escalón, encima de los otros tres?

—En realidad, los pondremos al lado de los lácteos, porque nos dan mucha *fuerza* y son necesarios para crecer.

—Entonces... Son un poco como las legumbres, ¿no?

—¡Muy bien visto, cariño! —exclama su mamá con una sonrisa—. También las pondremos ahí, porque te ayudan a *crecer saludable y fuerte*, ¡y te dan un montón de energía para jugar! Las *legumbres* son tan especiales que las llaman «proteínas completas».

—¡Y además están riquísimas! —añade Cleo riéndose.

—¡Ya lo creo! —asiente su mamá con un guiño—. Sé de una a la que le chiflan los garbanzos.

—¡Sí! —exclama Cleo riéndose—. Es que los *garbanzos* que tú preparas son mi comida favorita de todo el mundo mundial.

—Entonces vamos a poner también las legumbres. ¿Has visto cuántos alimentos son imprescindibles? *Todos ellos son necesarios para la salud* y por eso hay que consumirlos.

—¡Mientras sean garbanzos, no hay problema!

Su mamá se echa a reír.

—Claro, cariño, los garbanzos están muy bien, pero el truco consiste en tomar todos los alimentos de la pirámide de forma variada.

Cleo sitúa los *alimentos* que le ha dicho su mamá en el sitio correspondiente, muy satisfecha porque cree que ya han terminado... ¡Pero parece que aún no está todo listo!

—Cleo —dice su mamá—, ahora pondremos el último escalón, *la punta de la pirámide*. En comparación con las otras partes es muy pequeña, ¿lo ves? Eso significa que serán alimentos que debemos comer con moderación.

—¿Eso es porque no son buenos?

—¡Todo lo contrario! —asegura su mamá—. Aquí pondremos las *grasas*, como el *aceite*, que es muy sano, pero se necesita en menor cantidad.

—¿Y ya está? ¿Qué pasa con los *dátiles*?

—¡Ya sabía yo que no ibas a olvidarte de ellos! —comenta su mamá, riéndose—. Hay alimentos riquísimos, como los dátiles o los higos secos que servimos de postre, pero no es necesario que los comamos todos los días, así que no los pondremos en la pirámide.

—Vale, me parece normal —asiente Cleo.

—*¡Pues ya está!* Hemos terminado —anuncia su mamá—. Ahora solo queda una cosa...

—¿Qué es? —pregunta Cleo, muy intrigada.

—¡Que me digas *tu plato favorito* con los alimentos que hemos visto hoy!

—¡Genial! No tengo que pensar mucho... Cuscús con verduras y garbanzos del que tú preparas.

—Muy bien, cariño, pues *vamos a cocinar juntas*.

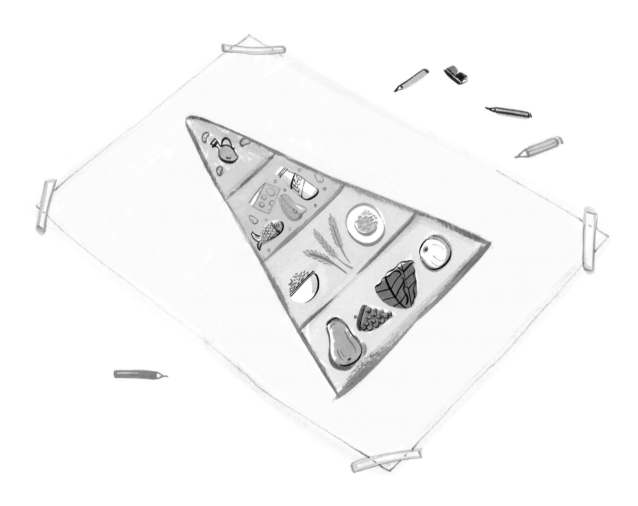

16

Actividades

¿SABÍAS QUE...?

→ Los lácteos son los alimentos que proceden de la leche, como el yogur o el queso. Actualmente hay productos que pueden sustituirlos sin contener leche, como los yogures de soja o la leche de avena.

→ En Egipto no siempre había agua para regar los campos y solo podían cultivar cuando el río Nilo subía de nivel. Por eso, la alimentación se basaba en los cereales y las legumbres, y en la carne de los animales que comían el mismo grano.

→ Algunos alimentos, como el flan, los pasteles o las golosinas, no aparecen en la pirámide porque solo hay que tomarlos en ocasiones especiales, como en una fiesta de cumpleaños. De postre puedes comer fruta, un yogur, chocolate negro o, como Cleo, unos ricos y dulces dátiles.

¡COMO UN EGIPCIO!

Conoce los alimentos más comunes del país
y aliméntate como un faraón:

- CUSCÚS
- GARBANZOS
- PAN
- ARROZ
- ALUBIAS BLANCAS
- LENTEJAS
- ESPINACAS
- COL
- PEPINOS
- RÁBANOS
- CALABACINES

- LECHUGAS
- PUERROS
- MELONES
- SANDÍAS
- UVAS
- DÁTILES
- MIEL
- FRUTOS SECOS
- TERNERA
- CORDERO

¡Vamos a la cocina!

*Prepara este plato que tanto le gusta a Cleo
y descubre por qué está tan rico. ¡Y además es muy fácil!*

CUSCÚS CON GARBANZOS Y VERDURAS

INGREDIENTES

- 200 g de cuscús
- 200 g de garbanzos cocidos
- 1 calabacín
- 1 cebolla
- 1 o 2 patatas
- 1 berenjena
- aceite de oliva

- 1 zanahoria
- 60 g de almendras
- 1 cucharadita de comino molido
- 1 cucharadita de cilantro molido
- 1/4 cucharadita de canela molida
- sal al gusto
- pimienta negra molida al gusto

PREPARACIÓN

1 Tostamos las almendras en una sartén sin aceite y las reservamos.

2 Pasamos por agua los garbanzos cocidos y los escurrimos.

3 Cortamos todas las verduras y las cocinamos en una sartén con un poco de aceite de oliva. Cuando estén hechas, añadimos las almendras y los garbanzos, y lo mezclamos todo. Añadimos la mezcla de especias, sal y pimienta.

4 Preparamos el cuscús siguiendo las instrucciones del envase y, una vez hecho, lo añadimos a la sartén, removiendo hasta que quede todo bien integrado.

¡Atención! En la cocina, es importante que estés en compañía de una persona adulta. Nunca cortes alimentos ni uses el fuego a solas.

PARA TERMINAR...

- ¿Qué grupos de alimentos ves en el plato?

- ¿Están todos los grupos de la pirámide? ¿Falta alguno?

- ¿Cuál es tu grupo de alimentos favorito?

- ¿Has probado el plato? ¿Te ha gustado?

ASIA

¡La naturaleza nos da energía!

¿Cómo ha ido esa receta? No es de extrañar que sea la favorita de Cleo, ¿verdad? Pues ahora vas a viajar a otros lugares. **¡Ni te imaginas las delicias que te esperan!** ¿Estás preparado para visitar otro continente y descubrir su gastronomía? **¡Vamos!**

Nos encontramos en Gansu, una provincia de China, muy cerca de la Gran Muralla. Vais a conocer a Li, una niña que vive con su familia en el campo. La mamá de Li trabaja en una pequeña escuela muy cerca de casa, y su papá es agricultor. Eso es fantástico porque, gracias al huerto que cultiva, la familia siempre dispone de verduras frescas.

Li tiene dos hermanos mayores, Fai y Bao, y los tres ayudan con el huerto y cuidan de los animales, sobre todo de las vacas, los corderos y las gallinas.

Hoy Li y sus hermanos hace ya rato que han salido del colegio y, después de hacer los deberes y de ayudar en casa, están jugando con una pelota que para Li es especial, porque se la regaló su mamá por su cumpleaños.

—¡Venga, chicos! Dejad de jugar, que la cena ya está lista —los llama su papá desde la casa—. ¡Rapidito, que se enfría!

—Solo un ratito más —dice Li—. ¡Por favor!

Justo en ese momento, Fai le da un tremendo patadón a la pelota y esta sale disparada hacia la Gran Muralla, ¡casi como si quisiera cruzarla!

—¡Oh, no! —exclama Li—. *¡Es mi pelota favorita!* No quiero que se pierda.

—No te preocupes —le dice Fai—. Ahora vamos a cenar, que me muero de hambre, y luego salimos a buscarla.

—Sí —interviene Bao—. Nosotros te ayudaremos y la encontraremos rápido.

Pero Li no está tan segura de eso. Tal vez luego sus hermanos no quieran salir, porque ya estará muy oscuro. Seguramente le dirán que espere a mañana... ¡y eso sí que no! No piensa irse a dormir sin encontrar su pelota. Aunque ella también tiene hambre. De pronto, se acuerda de una cosa: ¡tiene una chocolatina en el bolsillo! Problema resuelto: se la comerá de dos bocados y saldrá corriendo a buscar su pelota.

Al principio, todo es bastante fácil porque aún es de día y la chocolatina le ha calmado un poco el hambre, pero, a medida que va pasando el rato, la cosa se pone peliaguda. Las sombras van cayendo sobre el campo, que cada vez está más oscuro, y la pequeña Li va perdiendo la esperanza de encontrar su pelota.

Pero Li ha tomado una decisión y es un poco tozuda, así que sigue buscando. Cada vez más lejos de su casa, mira entre la maleza del monte, pero nada… *¡No hay ni rastro!* Pasa un río, ve un campo de arroz… y la pelota sigue sin aparecer.

A estas alturas, Li se siente *agotada*: ha andado mucho y se muere de hambre porque no ha cenado. Hace ya un buen rato que se comió la chocolatina y nota que empiezan a faltarle las fuerzas. Con los pies doloridos de tanto correr, cansada y sola, se sienta en un árbol cercano para recuperar un poco su energía.

De pronto, casi como en un sueño, Li oye que alguien la llama por su nombre. ¿Será un espíritu
del bosque? ¿O tal vez un dragón mágico? La voz se oye cada vez más cerca… *¡y Li enseguida descubre quién es!*

Con gran alegría, Li ve que su padre se acerca con una linterna en la mano... y una tartera llena de *sopa de fideos con ternera y verdura*. ¡Su plato favorito! Su papá ha salido a buscarla con la comida que más le gusta de todo el mundo mundial.

Li se echa a llorar de alivio y le pide perdón por haberse marchado sola, sin esperar a sus hermanos. ¡Cuánto se arrepiente de haber desobedecido! Pero él la mira sonriendo, le da un gran abrazo y le muestra la sopa. *¡Qué buena pinta!* Enseguida empiezan a comer juntos. Cuando terminan, Li se siente mucho mejor, con energía y con muchas ganas de seguir con su búsqueda.

A pesar de que ya es noche cerrada, los dos miran un poco más por los alrededores, pero es tarde y está tan oscuro que es imposible encontrar nada. Li comprende que es mucho mejor volver a casa para irse a dormir y continuar buscando cuando amanezca. *¡Mañana será otro día!*

—¿Has visto, Li? —le dice su papá, de camino a casa—. ¡Las *verduras* que cultivo tienen superpoderes! Te han dado toda la energía que necesitabas.

—¡Es cierto! —asiente Li—. Pero, papá, pensé que con la chocolatina tendría bastante.

—¡Ay, pequeña! Pero es que no se pueden comparar los cultivos del huerto con una chocolatina de las que compras en la tienda, querida Li. Las verduras que yo cosecho llevan mucho trabajo. No solo necesitan sol y agua para que crezcan bien. Primero debo trabajar la tierra, protegerlas de las plagas y de la contaminación y, sobre todo, cuidarlas con mucho amor.

—¡Vaya! —exclama Li—. No sabía que necesitaran tantas cosas.

—¡Pues claro! —dice su papá, tomándole la mano—. Por eso todos los días voy al huerto tempranito, para cuidar bien cada cultivo. Por ejemplo, los *pimientos*, el *cilantro* y los *rábanos* de la sopa que acabamos de comernos eran frescos, y por eso tenían muchas *vitaminas* y *minerales*. ¡Es normal que te hayan dado tanta fuerza! Cuantas más verduras diferentes comamos, más fuertes nos sentiremos y más *energía* tendremos.

—¡Genial! A partir de hoy, quiero ayudarte en el *huerto*, papá. ¡Estoy impaciente por saber muchas más cosas sobre las verduras!

Los dos juntos siguen andando y charlando animadamente y, cuando ya están a punto de llegar a casa... ¡sorpresa! ¡Encuentran la pelota justo al lado de donde habían estado jugando los tres hermanos! Li y su papá se echan a reír al ver que estaba mucho más cerca de lo que se habían imaginado. Muy contentos, entran en casa para contarles a todos su gran aventura, tomar un té y darse un merecido descanso.

Actividades

VERDURAS PARA TODOS LOS GUSTOS

Ahora es tu turno para probar distintas verduras y ver cómo pueden incluirse las más comunes de tu país en las recetas que se preparan en casa. ¡Hay muchas formas de comerlas!

→ En crema o puré.

→ En ensalada, combinadas incluso con fruta.

→ Acompañadas de alimentos que nos gusten, como queso, pasta, arroz, pescado, en tortilla...

→ Aliñándolas con algún aderezo casero, salsa de soja baja en sal, humus...

¡DELICIAS CHINAS!

Conoce los alimentos más comunes del país y siéntete como un emperador:

- ARROZ
- FIDEOS
- GAMBAS
- POLLO
- PESCADO
- CARNE
- HUEVOS
- JUDÍAS

- SETAS
- BROTES DE SOJA
- TOFU
- PIMIENTOS
- REPOLLOS
- CACAHUETES
- TÉ

¡Vamos a la cocina!

Prepara el plato favorito de Li:
¡una sabrosa sopa que te dará salud y energía!

SOPA DE FIDEOS Y TERNERA DE LANZHOU

INGREDIENTES

- 1 kg de carne de ternera
- 1 kg de huesos de ternera
- mezcla de especias (ver abajo)
- 1/2 cucharada de sal
- 1/2 nabo chino pequeño, cortado en rodajas finas
- 250 g de tallarines o espaguetis

- 200 g de pimientos rojos
- 200 g de setas
- 2 cebolletas picadas
- 1 puñado de cilantro picado
- 1 trocito de jengibre picado (si te gustan las comidas con mucho sabor o un poco picantes)
- aceite de oliva

PARA LA MEZCLA DE ESPECIAS

- 1/2 cucharadita de pimienta negra
- 1/2 cucharadita de jengibre en polvo
- 1/2 cucharadita de pimienta blanca molida
- 1/2 palito de canela pequeño
- 1/2 cucharadita de clavo molido
- 1 anís estrellado
- 1 hoja de laurel

¡Atención! En la cocina, es importante que estés en compañía de una persona adulta. Nunca cortes alimentos ni uses el fuego a solas.

PREPARACIÓN

1. Ponemos la ternera y los huesos en una olla grande y los sumergimos en agua de tres a cuatro horas. Desechamos el agua.

2. En la misma olla, vertemos agua hasta cubrir la carne y los huesos. Subimos el fuego al máximo y esperamos a que hierva. Retiramos la espuma marrón en cuanto salga.

3. Añadimos la mezcla de especias, bajamos el fuego y dejamos hervir durante media hora.

4. Agregamos la sal y dejamos cocer a fuego lento durante tres horas.

5. Incorporamos el nabo cortado y dejamos hervir a fuego lento durante otra hora.

6. Sacamos la carne y la cortamos en rodajas finas.

7. En una olla aparte, cocinamos los espaguetis o los tallarines en el caldo de carnes, siguiendo las indicaciones del envase.

8. Rehogamos los pimientos rojos y las setas con un poquito de aceite de oliva.

9. En un tazón, servimos la pasta, la carne, los pimientos con las setas y el caldo.

10. Adornamos con cebolleta picada, jengibre picado y cilantro.

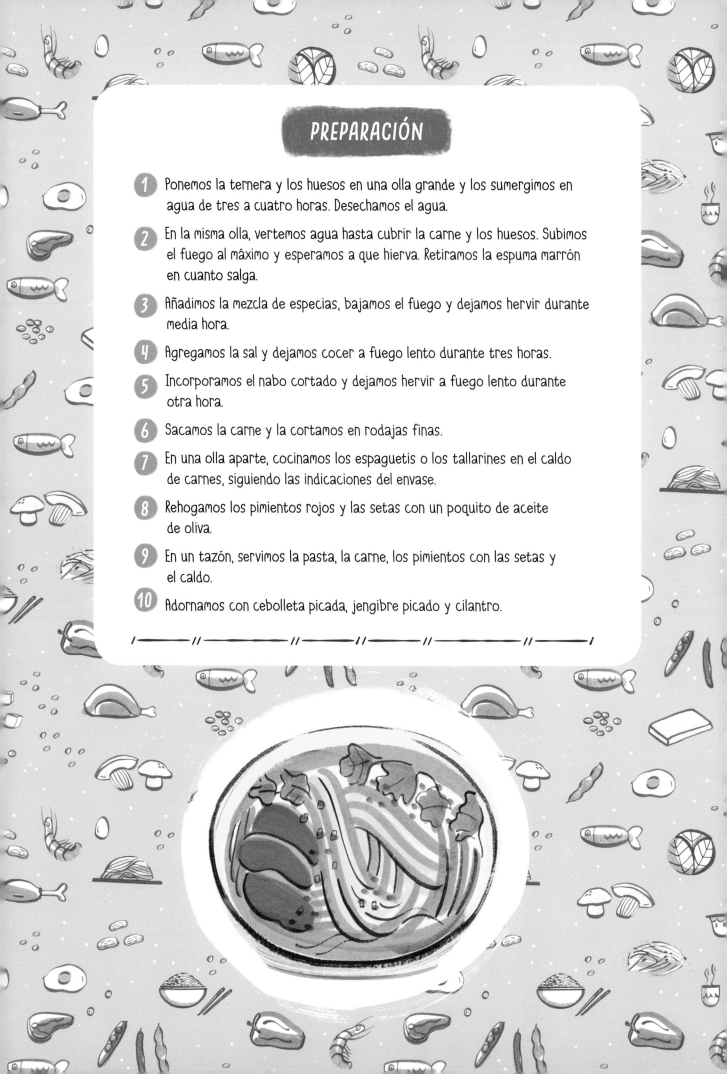

PARA TERMINAR...

¿Qué verdura has probado hoy? ¡Colorea las que hayas comido
y rodea con un círculo la que más te haya gustado!

OCEANÍA

¡Navidad en julio!

Cuánto has viajado hasta ahora, ¿verdad? Pues será mejor que te abroches el cinturón de seguridad y apagues todos los aparatos electrónicos, porque vas a volar aún más lejos, **¡a Oceanía!** Este continente está formado por muchísimas islas…, incluida la más grande del mundo, Australia. **¿Quieres conocerlo?**

Hemos llegado a Melbourne, una gran ciudad australiana que cada año recibe la visita de muchos turistas. Aquí vive Oliver, un niño vivaracho y soñador, con sus papás y sus dos perritos. Los papás de Oliver tienen una de las mejores cafeterías de toda la ciudad. Él va a verlos al trabajo siempre que puede, y allí puede probar algunas de las exquisiteces que sirven. ¡Sobre todo la tarta Pavlova, su comida preferida de todo el mundo mundial! No hay quien se resista a esta delicia hecha con frutas y merengue… Y mucho menos Oliver, que es un poco goloso.

Australia no es solo una enorme isla, también es un país. Su población procede de todas las partes del mundo, así que tiene costumbres y tradiciones que vienen de muchos lugares distintos. ¡Y una de estas tradiciones es la Navidad! Pero Australia está en el hemisferio sur, de modo que en diciembre es pleno verano. Claro que celebrar la Navidad en la playa puede ser toda una experiencia, pero muchos prefieren ver un paisaje nevado. ¡Y por eso deciden celebrar otra *Navidad* en julio, cuando hace más frío allí!

A Oliver le encanta esta tradición porque le fascinan las luces, los adornos, la comida navideña, los mercadillos y estar con su familia. En cambio, no le gusta tanto celebrar la Navidad en diciembre, cuando en su país es *verano*, porque en las películas esta fiesta siempre es con frío y nieve.

La Navidad de julio se acerca y los papás de Oliver tienen mucho trabajo para atender todos los pedidos, así que él va a pasar algunos días en casa de sus tíos, mientras sus papás se ocupan del negocio. Y, para no sentirse tan solo, Oliver les pide una *tarta Pavlova* para esos momentos en los que no estarán juntos, y poder así recordarlos saboreando su comida favorita.

La primera noche que la *familia* se reúne en la mesa para cenar, el ambiente está muy animado: allí están los tíos de Oliver, a los que él quiere mucho, y también sus primos, que son mayores que él y le enseñan un montón de cosas, ¡incluidas algunas travesuras muy graciosas!

Además, la cena tiene una pinta *deliciosa*: hay cerdo al horno con patatas asadas, sopa de guisantes, ensalada de boniato y pera, y pudín de dátiles con caramelo de postre. *¡Todo un festín!*

A pesar de todo, Oliver se siente un poco triste por no poder estar con sus padres y con sus dos perritos, y está deseando comerse un trocito de su tarta favorita. ¡Seguro que así se anima un poco! Pero los platos van desfilando sobre la mesa y la tarta Pavlova brilla por su ausencia.

—¿Cuándo podré probar la tarta que han hecho mamá y papá? —pregunta Oliver cuando ve que ya están terminando el postre.

—¡Ay, córcholis! —contesta su tío—. ¡Nos la hemos olvidado en su cafetería!

—No te preocupes, cariño —interviene su tía—. Mañana mismo iremos a buscarla y podrás comerte una ración doble.

Los primos de Oliver se dan cuenta de que está un poco *triste* y enseguida le cuentan un montón de chistes para distraerlo, pero él echa de menos a sus papás. ¡La tarta es muy importante para él! Y no solo porque sea deliciosa, que desde luego lo es, sino por lo que representa. La tarta de sus papás es la más rica, crujiente, cremosa y fresquita que ha probado, y además, es que la hacen ellos. Cuando la preparan en casa, Oliver *ayuda* a cortar las frutas y a batir las claras de huevo para hacer el merengue. ¡Qué buenos recuerdos!

Cuando todos se han levantado de la mesa y han vuelto a sus cosas, Oliver decide coger la bici y buscar la pastelería más cercana para comprarse la tarta.

Después de recorrer unas calles, no muy lejos de casa de sus tíos, encuentra una confitería abierta, se compra una tarta entera y, allí mismo, en la acera junto a la tienda... ¡empieza a comérsela! No quiere ir deprisa, así que va comiendo despacito, bocado tras bocado, saboreando la crema y las frutas... *Pero no es lo mismo.* ¿Será que en ese sitio no saben hacerla bien?

Con muy poca hambre pero tan desanimado como antes, va a buscar otra pastelería, aunque esta vez solo compra una porción. ¡Qué lástima! *¡Tampoco es tan buena como esperaba!* Al final hasta tiene que esforzarse para poder terminarla.

Cuando ya se dispone a buscar una tercera pastelería, nota un fuerte dolor en la tripa y una sensación muy desagradable, como si tuviera el estómago revuelto. Cada vez más mareado, tiene que bajarse de la bici y apoyarse en una pared, en mitad de la calle.

El dolor es cada vez peor y Oliver no sabe qué hacer, de modo que se monta en la bici para volver a casa de sus tíos… Por desgracia, después de dar tantas vueltas para encontrar pastelerías, *¡parece que se ha perdido!* ¡Qué horror!

Triste, mareado y muerto de frío, Oliver se echa a llorar. Solo con probar un pedacito de la tarta de sus padres, se sentiría mucho mejor… O al menos eso cree él.

De repente, una voz lo saca de su tristeza.

—¿Oliver? —lo llama alguien… La voz le resulta muy conocida. ¡Es su mamá!—. ¡Cariño! ¿Qué estás haciendo aquí?

La mamá de Oliver ha ido a hacer una entrega de última hora a una pastelería cercana y, al oír el llanto de un niño, se ha detenido. ¡Y resulta que es su propio hijo!

Oliver le explica todo lo que ha pasado, cuánto los echaba de menos y lo mucho que deseaba probar la tarta para *consolarse*.

—¡Cuánto lo siento, cariño! —dice su mamá—. Hemos tenido tanto trabajo que se nos olvidó por completo la tarta.

—No pasa nada, mamá, no te preocupes. Ahora que estás aquí conmigo ya no me apetece tanto. Es que me recuerda mucho a vosotros y pensaba que, si podía comer un trocito, sería un poco como si estuviéramos juntos. Pero ahora me duele mucho la tripa… *¿podemos volver a casa?*

Los papás de Oliver ya han cerrado su cafetería y al día siguiente no tienen que trabajar porque es fiesta. ¡Oliver puede volver con ellos, menos mal! En cuanto llegan, su mamá le da un remedio para aliviarle el dolor y él se queda dormido enseguida, agotado por tantas emociones.

Al día siguiente, su mamá va a despertarlo con sus perritos y le dice que baje a desayunar. *¡Le ha preparado una sorpresa estupenda!* Cuando Oliver entra en la cocina, encima de la mesa ve una de las cosas que más le gustan, tostadas con Vegemite… ¡y una tarta Pavlova toda enterita para él!

Pero Oliver ya no quiere la tarta: ¡le basta y le sobra con la compañía de su familia y de sus mascotas, y con poder celebrar la Navidad todos juntos!

Actividades

COSAS QUE ANIMAN...

Oliver estaba muy triste y decidió comer un trozo de tarta para alegrarse, pero solo consiguió un fuerte dolor de tripa.

¿? ¿Te ha pasado algo parecido? ¿Alguna vez has comido cuando estabas aburrido, o por haber hecho alguna tarea y haberte portado bien?

Puedes encontrar otras formas de alegrarte y divertirte, como jugar con los amigos, leer un libro, ver la tele o jugar a un videojuego. Y, si te mereces un regalo, elige entre ir al cine, pedir un libro que te guste o un juguete.
¡Deja la comida para cuando tengas hambre!

¡COMO EN LAS ANTÍPODAS!

Conoce los alimentos más comunes
y no pierdas el norte:

- CARNE
- POLLO
- GAMBAS
- PESCADO
- ZANAHORIAS
- BRÓCOLI
- ENCURTIDOS
- GUISANTES DE SOJA

- FRESAS
- FRUTOS DEL BOSQUE
- PLÁTANOS
- KIWIS
- NUECES DE MACADAMIA

¡Vamos a la cocina!

Para las ocasiones especiales, como las fiestas o los cumpleaños de familiares o amigos, puedes preparar la versión sana de la tarta Pavlova y compartirla. ¡Seguro que se convertirá en una de tus favoritas!

TARTA PAVLOVA SALUDABLE

INGREDIENTES

- 3 claras de huevo
- 1 pizca de sal
- 5 cucharadas de edulcorante
  (o de azúcar, pero solo en las ocasiones muy especiales)
- 1 yogur natural, griego o de soja
- unas hojas de menta fresca
- 1 cucharadita de miel o agave
- 200 g de fresas
  (o de otra fruta de temporada)
- 50 g de almendras fileteadas

PREPARACIÓN

1 Añadimos la sal a las claras y las batimos hasta que queden a punto de nieve, blancas y espumosas. La clave es darle la vuelta al bol y que no se caigan; así sabremos que están listas.

2 Añadimos el edulcorante o el azúcar a las claras montadas y seguimos batiendo.

3 Preparamos una bandeja del horno con papel de hornear. Con una manga pastelera, formamos pequeños niditos con las claras o un nido grande, según prefiramos. También podemos hacer la misma forma cogiendo un poco de las claras montadas con un cucharón y haciendo espirales con un tenedor.

4 Horneamos a 140° hasta que se seque el merengue, sin que quede quemado ni poco hecho.

5 Sacamos los nidos del horno y los dejamos enfriar antes de poner la cobertura.

6 Picamos la menta, la incorporamos al yogur y añadimos la cucharadita de miel o agave. Mezclamos bien.

7 Cortamos las fresas por la mitad.

8 Una vez fríos los nidos, distribuimos el yogur por encima, colocamos bien las fresas y adornamos con las almendras fileteadas.

¡COCITRUQUI!

Puedes agregar una cucharadita de cacao en polvo a la preparación del merengue para transformar la receta en Pavlova de chocolate. Juega con las frutas de la estación y prueba varias versiones... Incluso puedes taparla con otro nidito de merengue y luego decorar.

¡Atención! En la cocina, es importante que estés en compañía de una persona adulta. Nunca cortes alimentos ni uses el fuego a solas.

PARA TERMINAR...

¿Qué es el Vegemite?

La mamá de Oliver le prepara tostadas con
Vegemite para desayunar.

El Vegemite es una pasta oscura para untar,
bastante salada, que está hecha con levadura.
Es una de las comidas más típicas de Australia.

¡Y UNA DE LAS QUE MÁS
LE GUSTAN A OLIVER!

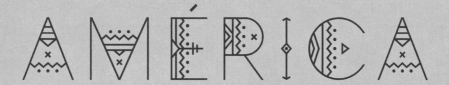

AMÉRICA

¡Cuanto más cerca, más sabroso!

Nuestro exquisito viaje continúa... ¿Qué delicias te esperarán? Para descubrirlo, hay que cruzar de nuevo el océano hasta llegar a América. **¡No te despistes!**

stamos en *Venezuela*, un hermoso país con altas montañas, espesas selvas y grandes ríos... Y precisamente junto al principal río de estas tierras está Autana, una niña inquieta y despierta que vive con sus padres y sus abuelos en plena naturaleza. Su familia y ella forman parte de los piaroas, una tribu que consigue sus *alimentos* cultivando la tierra, cazando, pescando y recolectando vegetales.

Esta mañana, Autana se dispone a pescar su pez favorito, el *pavón*, que se parece bastante al mero, pero es de agua dulce y vive en los ríos.

Cuando Autana llega a su lugar preferido para pescar, en un remanso del río, se lleva una desagradable sorpresa: la corriente es más fuerte de lo habitual porque en los últimos días ha llovido mucho.

—¡Oh, no! —exclama—. Me parece que hoy no podré pescar.

Autana contempla las aguas y se queda pensando. Su familia le ha encargado que consiga la comida de ese día mientras ellos se ocupan de reparar el poblado tras las fuertes lluvias. Todos confían en su excelente puntería, así que finalmente se arma de valor y decide intentarlo. Lo ha hecho muchas veces y conoce las corrientes como si fueran la palma de su mano. Además, *tiene mucha hambre* y ya se acerca la hora de comer. ¡La recompensa será uno de esos peces que tanto le gustan!

Ni corta ni perezosa, se sitúa sobre una piedra con la lanza en la mano y observa fijamente *las aguas del río* para intentar localizar algún pez. Al principio no distingue nada, solo los reflejos del sol sobre la superficie, pero al cabo de un rato... ¡ahí llega! Una sombra se va acercando adonde está ella. Enseguida reconoce la forma de un enorme pavón, uno de los más grandes que ha visto nunca, que está comiendo en el fondo del río.

Autana prepara la lanza, se inclina sobre la corriente, apunta bien... ¡y falla! Ese pavón tramposo consigue escapar y se aleja rápidamente por el río. ¡Qué decepción!

Pero no todo está perdido porque, en ese momento, Autana descubre que un pavón más pequeño también se acerca en busca de alimento. Esta vez no quiere fallar, así que procura *concentrarse y relajarse*. Ese pescado no es tan grande como el otro, pero ella sabe que su familia igualmente se lo agradecerá. «No importa que sea un poco pequeño —piensa Autana—. ¡Los míos siempre aprovechan al máximo todo lo que consiguen para comer!».

Muy concentrada, sin dejar que nada la distraiga, levanta el brazo, fija bien la vista en su objetivo y... ¡zas! *¡Misión cumplida!* ¡Esta vez sí que tiene la comida asegurada! Autana está tan contenta mientras se agacha para recoger el pavón que en silencio da las gracias a la naturaleza, al río y al mismo pescado por haber podido atraparlo.

Enseguida echa a correr hacia su aldea, que no queda lejos, y llega en un periquete con el pescadito entre las manos, más radiante que un día de primavera.

—¡Abuela! ¡Mira lo que he conseguido! —grita entusiasmada.

—*¡Eres la mejor!* Sabía que lo lograrías —le contesta su abuela con una gran sonrisa.

Enseguida las dos se disponen a preparar el pescado y a cocinar *arepas*, la comida preferida de Autana de todo el mundo mundial. Mientras tanto, para entretener el hambre, van comiendo algunas uvas que cultivan.

Su abuela sabe cocinar de maravilla con los productos que le ofrece la tierra y, mientras lo hace, va contándole a su nieta uno de los relatos que a ella tanto le gustan. ¡Nunca se cansa de oír esas *interesantes historias* sobre sus antepasados!

—Cuando yo era pequeña, también era la mejor pescando en el río —empieza a contar su abuela—. Mi madre me enseñó a aprovechar toda la carne que el pescado nos daba ¡y hasta las espinas! Además, empleábamos las plumas y los huesos de las gallinas para hacernos collares y adornos para los rituales.

—¡*Qué ingeniosos erais!* —se asombra Autana.

—Pues no hacíamos solo eso, sino que también utilizábamos las cortezas de los árboles y las semillas de algunas frutas para pintar, empleábamos hierbas para medicinas y muchas otras cosas más.

—Sí, eso he visto cómo lo haces y me encanta. *¡Yo también quiero aprender!*

—Claro que sí, cariño, yo te enseñaré —asegura su abuela.

—Pero yo sé que, en otros tiempos, la tribu no vivía siempre en el mismo sitio, sino que se iba moviendo.

—¡Sí! Era por los *cultivos* —explica la abuela—. Cuando pasábamos mucho tiempo en la misma aldea y nuestra tierra ya no daba tantos frutos, nos movíamos a otro sitio para empezar de nuevo. Así dejábamos que la selva volviera a crecer en el lugar donde habíamos cultivado.

—Pero... ¡eso es mucho trabajo! —comenta Autana, preocupada.

—Pues sí —admite su abuela—. Pero ¿sabes por qué lo hacíamos?

—¿Por qué? ¿Por qué? —pregunta Autana, impaciente por saberlo todo.

—Verás —responde su abuela—. Mi madre siempre me decía que la *naturaleza* era una más de la familia y que debíamos devolverle lo que ella nos prestaba para sobrevivir. Me explicaba que, si no hacíamos esto y no aprovechábamos al máximo los recursos que la naturaleza nos daba, un día no podríamos volver a movernos a otra aldea, porque no habría más selva a la que mudarnos.

—*¡Eso sería terrible!* —exclama Autana, horrorizada.

Autana ha entendido que sus *antepasados* sobrevivieron gracias a la selva y se siente agradecida por ello. Mira la uva que tiene todavía en la mano, le saca las *semillas* y las entierra para sembrarlas. Así, más adelante, crecerá una planta que dará más fruta.

—*Gracias por la comida de hoy* —murmura Autana mientras cubre las semillas con tierra—. *¡Ahora te toca a ti!* —le dice a la selva.

Actividades

¿SABÍAS QUE...?

Las arepas, la comida favorita de Autana de todo el mundo mundial, son unas tortitas de maíz asadas que se pueden rellenar con aguacate, frijoles, plátano macho, pollo, cerdo, pescado o carne. A ella le gusta comerlas solas, por su sabor, ¡y acompañarlas con pescado guisado!

¡NATURALEZA AL PODER!

*Conoce los alimentos más comunes
del país y siéntete el rey de la selva:*

- PESCADO
- MAÍZ
- ARROZ
- YUCA
- PATATAS
- BONIATOS
- AGUACATES
- MANGOS

- PLÁTANOS
- PAPAYAS
- MARACUYÁS
- GUAYABAS
- PLÁTANO MACHO
- FRIJOLES
- LENTEJAS
- CACAO

¡Vamos a la cocina!

¿Quieres probar la comida preferida de Autana? Prepara unas deliciosas arepas y rellénalas con lo que más te guste. ¡O saboréalas solas!

AREPAS DE MAÍZ

INGREDIENTES

- 400 g de harina de maíz
- 1 cucharadita de sal
- 2 tazas de agua, aproximadamente

PREPARACIÓN

1. En un bol grande, ponemos la harina de maíz y la sal.

2. Añadimos el agua al bol y vamos mezclando para integrar bien los ingredientes. La masa puede parecer demasiado líquida al principio, pero la harina pronto absorberá el exceso de agua.

3. Amasamos la mezcla aproximadamente unos 8-10 minutos, hasta que se suavice y no se pegue a las manos. Si la masa parece demasiado seca y se desmorona, es mejor añadir unas cuantas cucharadas de agua caliente; si por el contrario parece demasiado pegajosa, es mejor echar un poquito más de harina.

4. Dividimos la masa en bolitas. Tomamos cada bolita y la aplanamos con las manos hasta formar un disco. (Si la masa resulta demasiado pegajosa, podemos mojarnos las manos con un poquito de agua). Para lograr arepas más uniformes, también podemos utilizar un plato para aplanarlas.

5. En una sartén grande ponemos unas gotitas de aceite, a fuego lento-medio. Agregamos 3 o 4 arepas (según el tamaño de la sartén) y las dejamos dorar unos 6-8 minutos.

6. Pasado ese tiempo, les damos la vuelta y dejamos que se doren por el otro lado.

7. Las retiramos y las dejamos reposar unos 5 minutos. Ya están listas para abrirlas y rellenarlas con lo que quieras: frijoles, aguacate, plátano macho, huevos revueltos, queso, jamón, cerdo, pollo, ternera, pescado... ¡o lo que tú prefieras!

¡COCITRUQUI!

Una vez hecha la masa y formadas las arepas, también podemos cocinarlas en el horno o terminar de dorarlas, dejándolas unos 5-10 minutos.

¡Atención! En la cocina, es importante que estés en compañía de una persona adulta. Nunca cortes alimentos ni uses el fuego a solas.

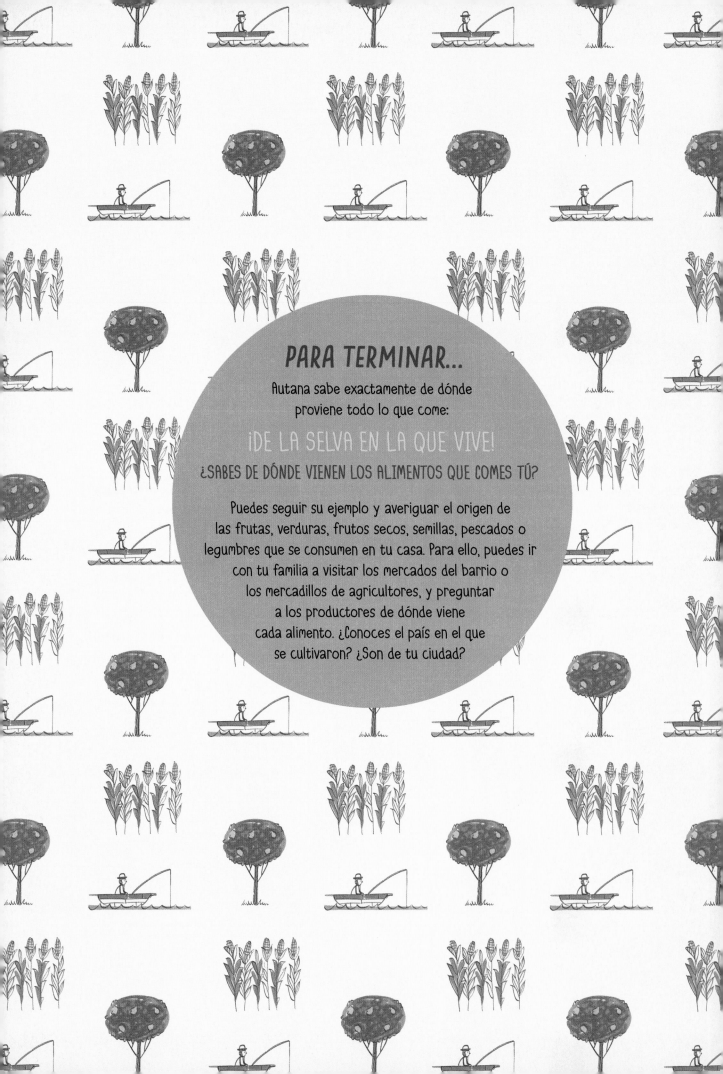

PARA TERMINAR...

Autana sabe exactamente de dónde
proviene todo lo que come:

¡DE LA SELVA EN LA QUE VIVE!

¿SABES DE DÓNDE VIENEN LOS ALIMENTOS QUE COMES TÚ?

Puedes seguir su ejemplo y averiguar el origen de
las frutas, verduras, frutos secos, semillas, pescados o
legumbres que se consumen en tu casa. Para ello, puedes ir
con tu familia a visitar los mercados del barrio o
los mercadillos de agricultores, y preguntar
a los productores de dónde viene
cada alimento. ¿Conoces el país en el que
se cultivaron? ¿Son de tu ciudad?

Europa

¡En la variedad está el gusto!

Se acerca el final de esta gran aventura. Has recorrido el mundo en busca de historias que te han enseñado cómo puedes comer bien y mejor, pero, antes de terminar, tienes una última etapa en la que aprender más sobre tu propio continente: ¡Europa! Así que prepara las maletas, ¡que nos vamos volando de nuevo!

Después de un largo viaje, estamos en Madrid, la capital de España, donde vive Miguel con su familia: su mamá, su papá y su hermanita pequeña, Almudena, que lo quiere con locura. Miguel es un niño tranquilo y amable al que le gusta jugar a algunos videojuegos con sus amigos, leer libros y cómics y, sobre todo, escuchar las historias que cuenta su papá. Y no es de extrañar porque es un gran piloto que recorre el mundo en su avioneta.

Miguel siente mucha curiosidad por las costumbres de otros países y no pierde la ocasión de conocer la gran variedad de *gustos, tradiciones y comidas* que hay en todo el planeta. Hoy el papá de Miguel ha vuelto de uno de sus increíbles viajes y se dispone a contar una de sus fantásticas historias.

—Chicos... —exclama su papá dando una fuerte palmada—. ¿Preparados para una nueva aventura? ¿Adónde os apetece viajar hoy?

Mientras los niños se apresuran a sentarse cómodamente para escuchar con atención, el papá de Miguel se saca del bolsillo un pequeño *mapa* en el que tiene marcados los países que ha visitado, para que ellos puedan verlos y decidir por dónde quieren comenzar.

—¿Podemos empezar por Italia? —pregunta Miguel—. Hoy en el cole nos han hablado de la antigua Roma... ¡y siento mucha curiosidad!

—La curiosidad es algo bueno, ¡no la pierdas nunca! —contesta su papá con una sonrisa—. *¡Pues venga, vamos a Italia!*

Enseguida empieza a contarles que Italia es un país precioso, con muchos paisajes distintos: montañas y playas, sol y nieve, magníficos campos... Y ciudades con extraordinarios monumentos.

Les explica a los pequeños que los italianos tienen una larga historia de reyes y emperadores, grandes pintores y escultores, y una magnífica arquitectura que se expandió por toda Europa. Además, les cuenta que las bases de nuestro idioma, de la medicina y de las leyes se establecieron ya en la antigua Roma.

Y por fin llegan a la parte favorita de Miguel y de su hermana: *¡la comida!*

—La suerte que tienen los italianos es que la comida es muy variada, dependiendo de la región —dice su papá—. Yo he estado sobre todo en Roma, y os aseguro que allí preparan las mejores pizzas y pastas de todo el mundo.

—¿Y cómo lo consiguen? —pregunta Miguel.

—Pues utilizando *ingredientes de la mejor calidad*, producidos cerca, con especias riquísimas... ¡y siendo muy buenos cocineros!

—*¡Me encanta la pizza!* —dice Miguel.

—Ya lo sé, pillín —contesta su papwá entre risas—. Si quieres, podemos aprender a hacerla en casa.

—¡Genial! —exclama Miguel, entusiasmado—. Pero mejor lo dejamos para otro día, ¡ahora quiero conocer más cosas de países distintos!

—Pues volvamos al mapa...

—¡Me gustaría saber qué comen en *Francia*! —dice Miguel.

—¡Ah, Francia! —contesta su papá—. ¡Allí también se come de maravilla! En París también comen cosas deliciosas, como los quesos, el pan, la sopa de cebolla, los crepes y un plato que se llama ratatouille.

—¿*Ratatouille*? —pregunta Miguel, que no conoce esa palabra.

—Sí, es una comida riquísima que se prepara con muchas verduras —le explica su papá.

—¡Ah, vale! ¡Pues también quiero aprender a hacerlo!

—¡Muy bien, mi pequeño cocinero! ¡Ya veo que algún día serás un gran chef! —contesta su papá con una sonrisa de orgullo.

—¿*Y en los otros países?* —sigue preguntando Miguel.

—A ver, ¿en cuál estás pensando ahora?

—Pues... ¡en Hungría!

A Miguel le encanta saber cosas de otros países, pero de pronto se queda pensando y se le ocurre una pregunta.

—Papá, *¿y aquí en España qué se come?* ¿Hay una sola comida típica para todas las zonas o en cada sitio se hacen cosas distintas?

La pregunta pilla un poco por sorpresa al papá de Miguel. De pronto se da cuenta de que siempre habla de todos los países donde ha estado, pero nunca comenta la *variedad y tradiciones* de su propia tierra.

Y así empieza a contarles a Miguel y a la pequeña Almudena que en España hay también mucha diversidad de paisajes y muchos sitios que visitar: playas soleadas, altas montañas nevadas... ¡incluso desiertos! Y les explica que, dependiendo de la zona, se preparan *diferentes platos*.

Les habla de *recetas deliciosas* como la paella, muy típica en muchas regiones, pero sobre todo en Valencia, y del pan con tomate, tan famoso en Cataluña. Del gazpacho, que, aunque se prepara en todo el país, tiene mucha fama en la zona de Andalucía. Del pulpo y la empanada, que son riquísimos en Galicia. Y de los pescados y «pintxos», que son esas pequeñas rebanadas de pan con merluza, bacalao, anchoas, tortilla o pimientos que se preparan en el País Vasco...

PINTXO

PULPO

PIMIENTOS

ALBÓNDIGAS

EMPANADA

TORTILLA DE PATATA

Con tantas aventuras y viajes, el tiempo ha pasado volando. ¡Ya casi es hora de cenar! Su mamá los llama para que vayan a poner la mesa, pero en el último momento su papá aprovecha para comentarles algo curioso. En todos los países que ha visitado, sus compañeros siempre le han dicho que en España hay comidas muy ricas y que es uno de los lugares con la mejor dieta del mundo.

—¿*Una dieta?* ¿Es que aquí todos queremos adelgazar?

—¡No, no es eso! —contesta su papá con una gran sonrisa—. La dieta es lo que comemos todos los días, no solo lo que comen las personas que necesitan perder peso.

—Entonces ¿cuál es esa dieta tan buena? —pregunta Miguel, con su curiosidad de siempre.

—*La mediterránea.* Es una alimentación que se basa en comer muchas frutas y verduras, legumbres, frutos secos, pan y aceite de oliva.

Cuando van llegando a la cocina para poner la mesa, se dan cuenta de que su mamá ha preparado la cena con muchos de los ingredientes que acaban de mencionar: tortilla de patata, que es la comida favorita de Miguel de todo el mundo mundial, menestra de verduras, pan y, de postre, fruta.

Al darse cuenta, todos se ríen.

—Según papá, la cena de hoy es una de las mejores en el mundo —dice Miguel—. Pero ¿en otros sitios los niños también van a la compra, cocinan y comen con sus familias, como hacemos nosotros?

—¡Pues claro, Miguel! —responde su mamá—. A pesar de las diferencias de cada país, todos comemos en familia. Tú y Almudena vais al cole mientras papá y yo trabajamos, así que, al llegar la noche, la familia se sienta para compartir y estar unida. *¡No hay nada como comer en familia!*

—¡Sí! —exclama Miguel, encantado—. Además, ¡así podemos seguir viajando juntos mientras comemos!

Actividades

¿SABÍAS QUE...?

El aceite de oliva es un ingrediente principal dentro de la dieta mediterránea. Este alimento tan saludable se obtiene prensando las olivas con grandes máquinas hasta obtener su jugo.

¡Es tan bueno que este «oro líquido» no puede faltar en nuestras comidas!

JUNTO AL MAR MEDITERRÁNEO...

Conoce los alimentos más típicos de la dieta mediterránea y descubre sus beneficios:

- ACEITUNAS
- TOMATES
- PIMIENTOS
- BERENJENAS
- CEBOLLAS
- ARROZ

- PAN
- FRUTOS SECOS
- LEGUMBRES
- ACEITE DE OLIVA
- VINAGRE
- PESCADO

¡Vamos a la cocina!

Aquí te ofrecemos algunas recetas de distintos países, para que veas cómo comen otros niños en nuestro continente. ¿Cuál será tu favorita?

PIZZA CASERA (ITALIA)

INGREDIENTES

- tortillas de trigo integrales o base de pizza integral. También podemos hacer la base nosotros con harina de trigo*

- salsa de tomate

- 3-4 cucharadas de queso rallado

- tomates cherry, champiñones, aceitunas...

- orégano

PREPARACIÓN

1. Precalentamos el horno a 180°.

2. En una bandeja de horno preparada con papel vegetal, colocamos la base de la pizza, extendemos sobre ella la salsa de tomate, lo cubrimos con queso rallado y distribuimos después el resto de ingredientes por encima.

3. Introducimos en el horno precalentado y lo dejamos durante unos 20 minutos. Una vez que ha pasado el tiempo, nuestra pizza estará dorada y lista para comer.

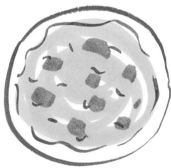

¡Atención! En la cocina, es importante que estés en compañía de una persona adulta. Nunca cortes alimentos ni uses el fuego a solas.

* BASE DE HARINA DE TRIGO

¡COCITRUQUI!

Si en lugar de utilizar una base ya preparada quieres hacer la masa tú mismo, aquí tienes la receta:

INGREDIENTES

- 400 g de harina integral fina
- 2 cucharadas de maicena
- 1/2 cucharada de levadura
- 1 taza de agua tibia
- 2 cucharadas de aceite de oliva
- 2 cucharaditas de sal

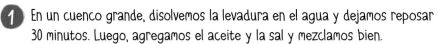

PREPARACIÓN

1. En un cuenco grande, disolvemos la levadura en el agua y dejamos reposar 30 minutos. Luego, agregamos el aceite y la sal y mezclamos bien.

2. Vamos incorporando poco a poco la harina y la maicena y formamos una masa.

3. Sacamos del cuenco y amasamos. Dejamos reposar 25 minutos.

4. Con las manos húmedas, estiramos la masa sobre una placa previamente untada de aceite y dejamos 30 minutos en algún sitio cálido.

5. Cocinamos a temperatura moderada durante 15 minutos. Sacamos del horno y ya está lista para usar o congelar.

RATATOUILLE
(FRANCIA)

INGREDIENTES

- 4 tomates
- 2 calabacines
- 1 berenjena
- 1 pimiento rojo
- 1 pimiento verde
- 1 cebolla
- 1 diente de ajo

- 1 bote pequeño de tomate frito o 250 gramos de tomate frito casero
- sal
- hierbas provenzales
- ajo en polvo
- aceite

PREPARACIÓN

1. Preparamos el aceite provenzal mezclando el aceite con las hierbas provenzales, el ajo en polvo y un pellizco de sal. Reservamos.

2. Cortamos en cuadraditos el ajo, los pimientos y la cebolla y los rehogamos durante 20-25 minutos a fuego lento.

3. Pasado ese tiempo, agregamos el tomate frito, preferiblemente casero. Dejamos cocinar unos 10 minutos y reservamos.

4. Cortamos la berenjena, los calabacines y los tomates en rodajas.

5. En una fuente de horno, ponemos el sofrito de tomate y lo cubrimos con las rodajas de hortaliza. Lo podemos hacer de forma circular o como queramos.

6. Por encima ponemos el aceite provenzal.

7. Metemos al horno durante 1 hora a 160º-180º ¡y listo!

GULASH
(HUNGRÍA)

INGREDIENTES

- 1 kg de carne magra de ternera
- 5 cucharadas de aceite de oliva (o 50 g de mantequilla)
- 3 cebollas
- 2 patatas
- 2 tomates maduros
- 1 pimiento rojo
- 2 cucharadas de pimentón dulce
- sal y pimienta
- 2 litros de agua o caldo

PREPARACIÓN

1 Cortamos la carne en dados de 2 cm de lado aproximadamente y la sazonamos con sal y pimienta.

2 Calentamos el aceite de oliva o la mantequilla en una cazuela. Cuando se derrita añadimos la carne y dejamos dorar unos minutos, removiendo para que se haga por todos lados. Así conseguimos sellar la carne y evitar que pierda muchos de sus jugos.

3 Pasado ese tiempo, apartamos la carne a una fuente y la reservamos. En la misma cazuela y sin retirar la grasa, salteamos las cebollas picadas en juliana, a fuego medio, hasta que queden tiernas.

4 Añadimos los tomates pelados y cortados en trozos y el caldo o agua, y esperamos a que hierva.

5 Añadimos la carne con los jugos que haya soltado, el pimentón dulce y el pimiento rojo en dados. Dejamos hervir, tapamos y dejamos cocer a fuego lento por lo menos dos horas o hasta que la carne quede muy tierna. A media cocción añadimos las patatas cortadas en dados grandes.

TORTILLA DE PATATA
(ESPAÑA)

INGREDIENTES

- 6 huevos
- 3 patatas (600 g)
- 1 cebolla pequeña
- 1 vaso y medio de aceite de oliva
- sal

PREPARACIÓN

1. Pelamos la cebolla y la picamos en dados medianos.

2. Pelamos las patatas, cortamos por la mitad a lo largo y después cada trozo en medias lunas finitas.

3. Ponemos el aceite en una sartén y cuando esté caliente sin llegar a humear, introducimos las patatas y la cebolla, agregamos un poquito de sal y freímos a fuego suave durante 25-30 minutos.

4. Retiramos y escurrimos, y reservamos el aceite. Limpiamos la sartén con papel absorbente.

5. Cascamos los huevos y los batimos en un recipiente. Agregamos las patatas y la cebolla, y mezclamos bien.

6. Usamos la sartén nuevamente, agregamos un chorrito del aceite reservado y vertemos toda la mezcla. Removemos un poco y esperamos a que empiece a cuajarse.

7. Separamos los bordes, cubrimos la sartén con un plato de mayor tamaño que ella, y damos la vuelta.

8. Echamos de nuevo para que cuaje por el otro lado ¡y listo!

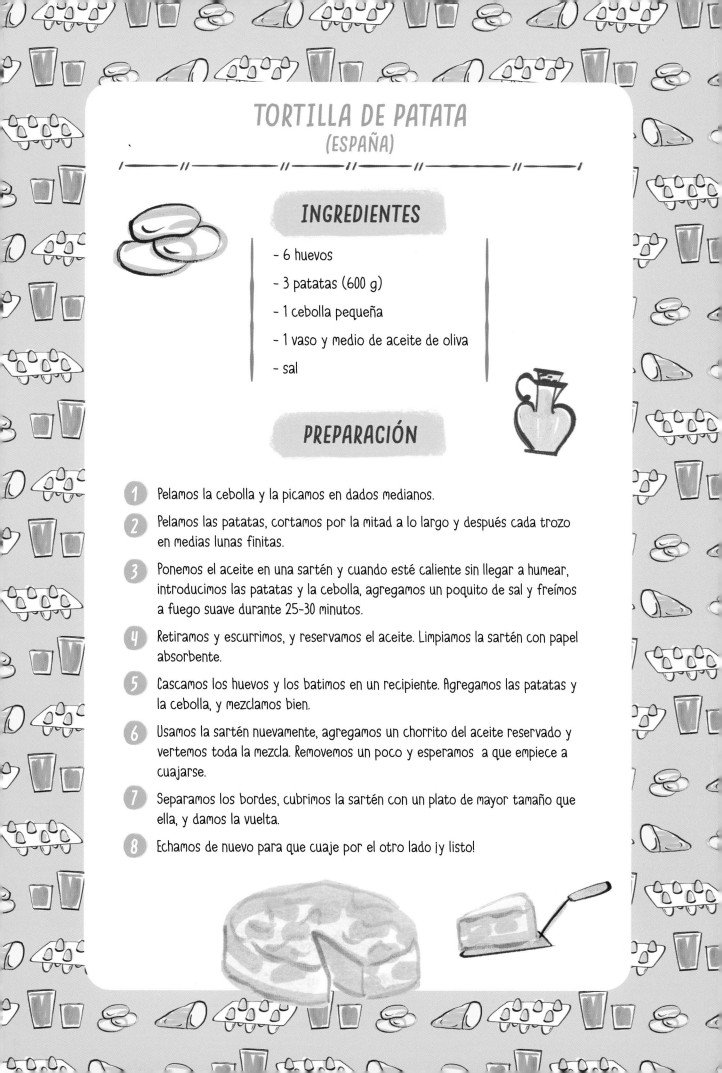

PARA TERMINAR...

¿Te gusta comer o cenar con tu familia?
¿Alguien en tu familia suele contar
sus aventuras?

Podemos seguir el ejemplo de Miguel y ayudar en
casa a preparar la cena mientras contamos lo que nos
ha pasado durante el día, además de sentarnos
a comer juntos y seguir compartiendo.

Ya se ha acabado el viaje.
¿A que te has divertido?

Y, además, seguro que has aprendido
un montón de cosas nuevas sobre la alimentación
con todos estos nuevos amigos que has conocido.

Ahora podrás ponerlas en práctica cada día con
tu familia para crecer sano y feliz.

Pues eso...
¡TODOS A LA MESA!